AF509601

CHAMBRE DE COMMERCE D'AVIGNON.

EXPOSÉ DES TRAVAUX

DE LA

CHAMBRE DE COMMERCE

D'AVIGNON,

DU 2 JUIN 1849 AU 28 MARS 1853.

AVIGNON

TYPOGRAPHIE D'AUBANEL FRÈRES.

1855

EXTRAIT

DU RÉGISTRE DES DÉLIBÉRATIONS.

SÉANCE DU 7 MARS 1853.

Présents : MM. Frédéric GRANIER, Président ; Émile GOU-
DAREAU ; Adrien PALUN ; Henri BERTON ; François SEGUIN ;
Charles BON DE CHABRAN et Ph. BONNET, Secrétaire-Trésorier.

M. le Président expose qu'un grand nombre de Chambres
de Commerce ont adopté l'usage de publier, à la fin de
chaque exercice, un compte-rendu des principales affaires
qu'elles avaient traitées dans l'année et que, de l'avis de
plusieurs membres, une publication de ce genre, à l'occasion
de l'expiration des fonctions de la Chambre, serait d'autant
plus convenable que, parmi les questions étudiées dans
ces derniers temps, il en est beaucoup dont la solution inté-
resse le pays.

La Chambre, adoptant cette proposition, décide que
l'exposé de ses travaux, depuis son installation jusqu'à ce
jour, sera fait dans le plus bref délai et nomme à ce sujet
une Commission composée de son Président et de MM. Émile
GOUDAREAU et Philippe BONNET.

Ce document sera imprimé et distribué au nombre de 500
exemplaires, dont dix au moins devront être déposés aux
archives de la Chambre.

Signé : Frédéric GRANIER, Président ; Ph. BONNET,
Secrétaire-Trésorier.

EXPOSÉ.

Installation de la Chambre.

La Chambre dont les fonctions viennent d'expirer, élue le **11 Janvier 1849**, en vertu de l'arrêté du **19 juin 1848**, était composée de MM. Frédéric GRANIER, Emile GOUDAREAU, Adrien PALUN, Prosper FAURE, Charles Bon DE CHABRAN, Henri BERTON, François SEGUIN, Avidam BEDARRIDES, et Philippe BONNET.

Elle fut installée par M. le Maire d'Avignon le **2 Juin** suivant et forma son bureau de la manière suivante : M. Frédéric GRANIER, représentant du peuple, Président; M. Prosper FAURE, Vice-Président; M. Philippe BONNET, Secrétaire-Trésorier.

Aux termes du décret rendu le **3 Septembre 1851**, le tiers des membres des Chambres de Commerce devait être renouvelé tous les deux ans, mais leurs pouvoirs furent prorogés par le décret du **2 Mars 1852**. C'est ainsi que la Chambre a siégé 3 ans et 8 mois jusqu'au jour où, conformément au décret du **30 Août 1852**, elle a du être renouvelée.

INSTITUTIONS REPRÉSENTATIVES DES INTÉRÊTS COMMERCIAUX.

Réorganisation des Chambres de Commerce.

Dès son entrée en fonctions, la Chambre de Commerce fut saisie, en vertu d'une circulaire ministérielle en date du **24 Novembre 1848**, des diverses questions auxquelles donnait lieu le projet de réorganisation générale des Chambres de Commerce.

Plusieurs séances furent consacrées à cet objet; le **19 Juin 1849**, la Chambre adressa au Gouvernement ses vues et propositions sur les questions qui lui étaient soumises.

Il s'agissait surtout de régler : 1. le mode d'élection; 2.

l'organisation intérieure des Chambres; 3. leurs attributions et prérogatives; 4. leur régime financier.

Il serait hors de propos de rappeler l'avis de la Chambre sur ces points. Son travail est imprimé et publié. Les questions alors à l'étude sont aujourd'hui d'ailleurs résolues par les décrets du 3 Septembre 1851 et du 30 Août 1852.

Bornons-nous à dire que quelques-unes des propositions faites par la Chambre ont été adoptées, entr'autres celles relatives :

1. Au rang des Chambres de Commerce dans les cérémonies publiques;

Cette lacune si souvent signalée se trouve aujourd'hui remplie. Les Chambres de Commerce marchent désormais immédiatement après les Tribunaux de Commerce.

2. Au concours des arrondissements qui peuvent être représentés par des membres correspondants ayant droit de présence aux délibérations;

3. Aux tarifs des douanes et octrois ;

4. A l'exécution des chemins de fer et des travaux publics sur les ports, fleuves, rivières ;

5. Aux tarifs et règlements des services de transports ;

6. Aux tarifs et règlements de courtage, etc.

Conseil général de l'Agriculture, des Manufactures et du Commerce.

Le Conseil général de l'Agriculture, des Manufactures et du Commerce, ne s'était pas réuni depuis l'année 1845. Sa convocation, réclamée par les besoins du pays, devait prochainement avoir lieu, en vertu d'un décret du Président de la République en date du 1er Février 1850. De grandes questions économiques et industrielles lui étaient soumises; elles empruntaient plus d'importance encore à la gravité de la crise qu'on venait de traverser.

La Chambre était appelée à se faire représenter par un délégué dans le Conseil général du commerce. Elle nomma dans sa séance du 20 Mars 1850, M. Frédéric GRANIER, son Président, qui ne put accepter ces fonctions, et qui fut remplacé par M. Émile GOUDAREAU.

Des instructions conformes à l'opinion de la majorité de la Chambre sur les principales questions qui devaient être traitées dans les Conseils généraux, furent prises par M. le Délégué. Plusieurs d'entr'elles ont été décidées dans le sens qu'elle avait indiqué.

Comité permanent pour la défense des intérêts du Midi. La prédominance marquée des intérêts du Nord sur les intérêts du Midi, dans les grandes questions économiques, avait fait naitre le projet d'un comité permanent pour la défense des intérêts méridionaux. La Chambre de Commerce de Bordeaux avait pris l'initiative de cette organisation et investi à cet effet M. A. Campan, son Secrétaire, d'une mission spéciale auprès des Chambres de Commerce du Hâvre, de Marseille, Nimes, Montpellier, Avignon, etc. Le comité institué à Paris pour la défense du travail national, devait servir de modèle à la création projetée. Formé des délégués des Chambres de Commerce du Midi, le comité nouveau devait agir sans retard auprès du Gouvernement pour contre-balancer l'influence prépondérante des départements du Nord, notamment dans la question des sucres et dans celle des chemins de fer. Il était à remarquer, en effet, que tandis que le Gouvernement consacrait chaque jour des sommes énormes à la construction des chemins de fer dans cette partie de la France, il délaissait les lignes qui offraient une source abondante de prospérités pour les départements du Midi, lesquels ne comptaient encore pour leur part que 1400 kilomètres de chemins de fer sur 15000 kilomètres.

Sucres. Sur la question des sucres, le comité devait demander que la surtaxe sur les sucres étrangers fut abaissée à **10 fr.** ; que les droits sur les sucres indigènes et coloniaux fussent réduits de **20 fr.** en deux années, **10 fr.** chaque année; enfin que transitoirement et pendant trois années, le sucre colonial jouit d'un droit différentiel et de protection de 5 fr. vis-à-vis du sucre indigène.

C'est dans ce sens que M. Campan exposa sa mission dans la séance **du 10 Décembre 1850.**

Les Chambres de Commerce de Lyon, Nantes, le Hàvre, St-Malo, Marseille, entrèrent les premières dans la voie où les conviait la Chambre de Commerce de Bordeaux.

Par une lettre du **16 Décembre 1850**, les délégués de ces Chambres, réunis à Paris, réclamèrent le concours de la Chambre d'Avignon et de ses délégués, à l'occasion de la prochaine discussion de la loi sur les sucres.

A l'exemple des Chambres de Commerce de Nimes et Montpellier, la Chambre fit son accession au comité par la nomination de son Président, M. Frédéric GRANIER, membre de l'Assemblée nationale, en qualité de délégué. (14 Janvier 1851.)

Les efforts du comité aboutirent à la loi du **13 juin 1851**, qui établissait une nouvelle tarification pour les sucres et dont les dispositions, favorables pour le commerce maritime, se trouvent aujourd'hui remplacées par les décrets des **27 mars** et **30 novembre**, et par le règlement d'administration publique du **1 septembre 1852**; en sorte que les intérêts du sucre indigène ont prévalu.

POSTES.—TÉLÉGRAPHIE ÉLECTRIQUE.
RIVIÈRES ET CANAUX.—CHEMINS DE FER.

La lenteur avec laquelle se faisait le service des dépêches entre Marseille et Lyon, en présence de la rapidité imprimée aux transports par la construction du chemin de fer de Marseille, porta la Chambre à demander que l'administration des postes prit des arrangements avec la compagnie concessionnaire de ce chemin, pour que le service eût lieu par la voie nouvellement ouverte aux relations commerciales (12 Juin 1849.

Il est inutile de rappeler que cette démarche eut le résultat dont le commerce jouit aujourd'hui.

Par une délibération subséquente, la Chambre, désirant que le commerce et le public pussent obtenir, sur tous les points, la plus grande célérité dans le transport des correspondances, exprima le vœu que non-seulement les chemins de fer, mais encore les bateaux à vapeur qui sillonnent nos rivières et canaux, ainsi que tous les messagers ou conducteurs de voitures publiques, pussent être employés au transport des lettres, sous la surveillance de l'administration. (21 Juin 1849.)

Cette dernière partie de la proposition avait surtout pour objet de remédier aux lenteurs du service des postes dans les petites localités et les campagnes, lenteurs qui subsistent encore et appellent l'attention du gouvernement.

Les circuits que font les dépêches destinées aux communes rurales par suite de l'insuffisance du nombre des bureaux de poste, ne cessent, en effet, de donner lieu à de nombreuses réclamations. La faculté de la libre circulation pour les dépêches en question, moyennant un affranchissement préalable indiqué par un timbre particulier de l'administration, parut à la Chambre le meilleur moyen de satisfaire aux vœux du commerce, et c'est en ce sens qu'elle prit une nouvelle délibération dans sa séance du 6 Octobre 1849.

Service des malles postes de Lyon à Marseille et Bordeaux. Dans sa sollicitude pour la rapidité des relations commerciales, la Chambre ne pouvait manquer de se préoccuper vivement du vote fâcheux par lequel l'Assemblée constituante supprima les crédits demandés pour le service des malles-postes de Lyon à Marseille et Bordeaux.

Elle adressa sur ce sujet des observations à M. le Ministre et se rendit l'organe des plaintes générales que cette mesure excitait dans le commerce. (26 Juin 1849.)

Ces plaintes étaient trop fondées pour n'être pas entendues et accueillies. Le service dont il s'agit est aujourd'hui rétabli.

Télégraphe électrique.

Dès l'achèvement du télégraphe électrique, sur la ligne importante de Paris à Marseille, la Chambre de Commerce sur la proposition de plusieurs membres, s'empressa de demander que le cours de la Bourse de Paris lui fût envoyé tous les jours, pour être communiqué, dès son arrivée, au commerce, ainsi que cela se pratiquait déjà pour Lyon et Marseille. (22 Janvier 1853.)

Cette mesure fut en effet accordée pour quelques jours à notre ville, et le cours de la Bourse était affiché à l'hôtel de la Préfecture.

Mais cet état de choses ne fut pas de longue durée. Par une lettre du 26 Février dernier, M. le Ministre de l'Intérieur annonça que, sur l'avis de M. le Ministre des Finances, la cote officielle de la Bourse ne serait plus désormais adressée qu'à un certain nombre de villes, présentant une grande importance commerciale ou politique.

Cette décision vivement regrettée par notre commerce, pourra, nous l'espérons, être modifiée par de nouvelles instances. Le mouvement commercial de notre place est trop important pour être méconnu.

Amélioration de la Seine maritime.

L'amélioration de la Seine maritime et le Mémoire publié sur ce sujet par la Chambre de Commerce de Rouen, furent une occasion pour notre Chambre de manifester son adhésion à un projet qui tendait à diminuer les frais de transport des marchandises et à procurer de nouvelles facilités à notre navigation. (22 Août 1850).

Cette importante entreprise, dont les travaux sont en cours d'exécution, préoccupe toujours la Chambre de Commerce de Rouen, et tout récemment, sur sa demande, M. le Ministre de la Marine et des Colonies vient de décider que des expériences de remorquage seraient faites, sur la Seine, par un bâtiment à hélice, de la marine impériale. Cette décision est d'un grand intérêt pour le commerce. Les nombreuses relations que nous entretenons avec Rouen, ne la rendent pas indifférente pour notre département.

Affermage
des canaux.

Par une pétition communiquée à la Chambre, un grand nombre de négociants d'Avignon et de Carpentras s'élevaient contre le monopole qui résulterait de l'affermage pendant 50 ou 60 ans, à une compagnie financière, de nos principales lignes navigables.

Les pétitionnaires faisaient valoir avec raison les inconvénients de l'omnipotence d'une ou de plusieurs compagnies fermières. Forcées de n'administrer qu'au point de vue de leurs intérêts particuliers, elle reculeraient devant les améliorations et les réductions de tarifs, et ne pouvant soutenir la concurrence des chemins de fer, elles ne tarderaient pas à s'entendre avec eux.

L'Etat, au contraire, toujours disposé aux concessions réclamées par les besoins commerciaux et par les éventualités, conserverait à l'industrie et à la consommation des matières premières des garanties indispensables de facilité et d'économie.

Les craintes des pétitionnaires parurent fondées en principe à la Chambre; mais en fait elle ne pouvait croire que le Gouvernement, instruit par l'expérience, consentit à céder la jouissance des canaux sans condition. Le projet de loi présenté pour le rachat impliquait un sentiment profond des entraves que les marchés et tarifs à long terme apportent aux améliorations et au bas prix des transports. Toutefois, les alarmes exprimées prenaient trop leur source dans les intérêts généraux du pays et dans ceux du département en particulier, pour qu'elle hésitât un moment de joindre ses protestations à celle des pétitionnaires, pour le cas où le Gouvernement entrerait dans la voie fatale qui était signalée.

Tels furent les termes de la délibération du 23 Novembre 1850, qui fut transmise par M. le Ministre du Commerce à M. le Ministre des Finances, comme objet rentrant essentiellement dans ses attributions.

Les Chambres de Commerce de Lyon, Besançon, Mulhouse, Strasbourg, Rouen, celles de Metz, Valenciennes, Amiens et d'autres encore présentèrent les mêmes observations. Néanmoins, la commission de l'Assemblée nationale chargée d'examiner le projet de rachat des actions de jouissance des canaux, avait changé ce projet en une véritable proposition d'affermage.

Le rapport présenté par M. Berryer ne dissimulait nullement les tendances de la Commission en faveur du système des concessions à perpétuité.

D'après les nouveaux tarifs des droits de navigation, joints au cahier des charges proposé, la garance tarifée par l'ordonnance du 8 Juillet 1840 à 2 centimes par tonne et par kilomètre, était tarifée à 4 centimes par tonne et par kilomètre, avec faculté pour le fermier de la porter à 5 centimes pour la remonte.

La garance d'Avignon à destination de Mulhouse et Bâle remontant le canal, c'était donc à 150 p. 0/0 d'augmentation que se trouvaient frappés les produits de nos localités.

Les denrées alimentaires étaient atteintes dans la même proportion. Les bois de construction venant du haut et du bas Rhin étaient frappés d'un droit six fois plus élevé que le droit existant. Ces bois ne pouvaient donc plus venir alimenter le Midi et les bois du Nord seuls auraient exploité nos contrées.

Ce fut dès-lors un devoir rigoureux pour la Chambre de s'opposer de toutes ses forces à ce projet. Le Gouvernement, de son côté, le repoussait et s'apprêtait à le combattre au sein de l'Assemblée nationale. Rappelant sa délibération antérieure, la Chambre supplia M. le Ministre d'éclairer l'Assemblée législative sur les conséquences funestes qu'aurait l'adoption des mesures proposées. (20 Octobre 1851.)

Les réclamations réitérées, élevées simultanément par un grand nombre de Conseils généraux, de Chambres de Commerce et Consultatives, ne contribuèrent pas peu à la détermination prise par le Gouvernement, de racheter les actions de jouissance et de rester maître des canaux. (Décrèts du 21 janvier 1852.

Le commerce doit faire des vœux pour que l'Etat persiste à les garder sous son administration paternelle et repousse toute nouvelle proposition de la part des compagnies financières. Les canaux sont des voies de communication ouvertes pour la circulation des matières premières et des produits fabriqués, et non une source de revenus particuliers cumulés aux dépens de l'agriculture, de l'industrie et du commerce du pays.

Navigation du Rhône au devant d'Avignon.

L'état déplorable de la navigation du Rhône, dans la branche d'Avignon, ne pouvait manquer de fixer l'attention de la Chambre. Les interruptions fréquentes et prolongées qui forcent les paquebots de s'arrêter, au grand préjudice du Commerce et de l'Industrie, avaient enfin provoqué, dans ces derniers temps, la rédaction d'un projet destiné à introduire un plus grand volume d'eau dans la branche gauche du fleuve *et à la rendre constamment navigable.* La Chambre pria M. le Préfet, par sa délibération du 23 Novembre 1850, de témoigner au Gouvernement combien était urgente l'exécution de ce projet qui offrirait, d'ailleurs, un chantier précieux pour les bras inoccupés, si nombreux dans la saison qui venait de s'ouvrir.

L'urgence était si grande que les compagnies de bateaux à vapeur, lassées d'attendre des travaux si souvent promis et toujours ajournés, paraissaient décidées à s'ouvrir un passage par la branche de Villeneuve, en la débarassant, à leurs frais, des débris de constructions et des obstacles divers qui l'obstruaient. Cette opération aurait entraîné la ruine du port d'Avignon. La Chambre décida que de nouvelles et plus actives démarches seraient faites pour obtenir l'exécution immédiate, au moyen d'un crédit supplémentaire ouvert au budget, des travaux projetés par M. Surel et qui s'élevaient à 400,000 fr.

La ville de Beaucaire se trouvant dans une situation analogue, sollicitait aussi, en ce moment, des fonds destinés à rendre libres et navigables les abords de son port et de son canal. M. le Président de la Chambre, se trouvant de plus membre de l'Assemblée législative, fut chargé de s'entendre avec les représentants de la ville de Beaucaire et des divers intérêts qui se rattachent à la navigation du Rhône, pour faire allouer, par l'Etat, un crédit commun qui permît de rendre libre au commerce la navigation du fleuve et rétablit enfin les populations riveraines dans leurs droits acquis.

Un rapport à la date du 10 Mars 1851, suivi d'une délibération motivée de la Chambre, fut en même temps imprimé.

Il serait inutile de rappeler ici, les considérations développées dans ce document devenu public, et qui énumérait les vœux constants de la population et les efforts réitérés de nos devanciers en faveur des améliorations que réclamait sur nos bords l'une des principales navigations du pays.

M. le Préfet de Vaucluse, en transmettant la délibération de la Chambre à M. le Ministre des Travaux Publics, voulut bien y joindre aussi ses instances.

Enfin, une interruption prolongée de la navigation du Rhône s'étant de nouveau produite, la Chambre délibéra le 31 Octobre 1851, de faire une pétition qui exprimât les plaintes et les supplications du commerce, et de l'envoyer revêtue des signatures de toutes les personnes intéressées, à M. le Ministre des Travaux Publics.

Tant de sollicitations portèrent leurs fruits; les travaux projetés par M. l'ingénieur Surel furent mis en adjudication le 16 Décembre 1851; l'exécution s'en est poursuivie depuis sans interruption. Chaque année des crédits sont alloués, les travaux se font au fur et à mesure de ces crédits, et l'on a l'espérance qu'ils seront terminés avec efficacité dans la campagne qui va s'ouvrir ou dans l'autre au plus tard.

Chemin de Fer d'Avignon à Lyon.

Aux approches de l'hiver de 1850, l'administration supérieure se préoccupait des moyens de répandre le travail dans les classes laborieuses. L'achèvement de la ligne importante de Marseille à Lyon fut signalé par la Chambre à M. le Préfet comme le meilleur moyen de venir en aide aux travailleurs sans ouvrage et d'assurer l'existence de nombreuses familles. Les études de cette ligne étaient faites et il n'y avait plus qu'à ouvrir les crédits nécessaires pour mettre la main à l'œuvre.

L'importance de cette entreprise ne permettait guère d'en différer l'exécution. La Compagnie concessionnaire a déjà ouvert ses chantiers, et les travaux ont commencé aux abords d'Avignon. (Loi du 6 Août 1851 et décret du 3 Juin 1852.)

Ainsi notre département se trouvera bientôt en rapide communication avec Paris et le Havre, et cette voie nationale, européenne, enfin achevée, ne manquera pas d'y apporter une nouvelle activité que favorise notre heureuse situation géographique.

Chemin de fer de Toulouse à Bordeaux, de Bordeaux à Cette.

Par sa délibération du 14 Janvier 1851, la Chambre, de concert avec la Chambre de Commerce de Montpellier, crut devoir s'opposer à la concession, demandée par M. Tarbé des Sablons, du chemin de fer de Toulouse à Bordeaux.

Elle exprima l'avis que la subvention de l'Etat ne devait être accordée qu'à la condition de l'exécution de la ligne entière de Bordeaux à Cette, et que dans tous les cas, cette ligne elle même ne devait avoir son tour qu'après l'achèvement de la ligne de Paris à Marseille.

Canal latéral à la Garonne.

Par la même délibération, la Chambre émettait le vœu

que le projet d'achèvement du canal latéral à la Garonne ne fût entrepris qu'après l'exécution du chemin de fer de l'Océan sur la Méditerranée, qui lui paraissait d'un intérêt bien plus grand.

Ce chemin se trouve aujourd'hui définitivement concédé à une compagnie composée en grande partie de négociants de Bordeaux; en outre l'État s'est engagé à faire terminer le canal et à le donner à titre de subvention à la compagnie concessionnaire qui de son côté s'est chargé d'établir la ligne de Bordeaux à Bayonne.

Chemin de fer de Dijon à Mulhouse.

La Chambre décida, en Juin 1852, au moment où l'on venait d'adjuger les travaux du chemin de fer de Dijon à Besançon, de recommander au Gouvernement l'exécution intégrale du chemin de fer de Dijon à Mulhouse, section importante du chemin de fer de la Méditerranée au Rhin, et qui à ce titre avait droit aux sympathies de notre commerce.

Cette demande a été prise en considération.

AMÉLIORATION DU SORT DES OUVRIERS,

ORGANISATION DU TRAVAIL ET AUTRES QUESTIONS
de Commerce intérieur.

Sociétés de secours mutuels et caisses de retraite

La création de caisses de retraite et de sociétés de secours mutuels pour les ouvriers, était, en 1849, une des grandes préoccupations du Gouvernement et de l'opinion publique.

La Chambre fut consultée sur cette grave question qui se rattachait à l'amélioration du sort des travailleurs, en pourvoyant aux infirmités du présent et à celles de l'avenir.

Elle crut indispensable d'ouvrir une enquête et d'appeler à son aide toutes les lumières que pouvaient lui fournir, dans un pays si riche des actes de la bienfaisance publique et privée, les nombreuses institutions, associations charitables et sociétés ouvrières qui fonctionnaient autour de nous.

Le résultat de son travail qui se prolongea durant plusieurs séances, fut présenté par un de ses membres, dans la séance du 16 Juillet 1849. Il fut notamment constaté que les sociétés de pure bienfaisance duraient plus longtemps et fonction-naient mieux que celles de secours mutuels ; aussi, la Chambre posa en principe, que les sacrifices demandés à l'ouvrier et au patron ne deviendraient faciles que tout autant que l'esprit de charité présiderait à l'organisation projetée.

Deux alternatives se présentaient dans la solution des questions posées par le Gouvernement : d'un côté, le risque d'entraver la liberté individuelle et de compromettre ainsi la dignité humaine dans la personne de l'ouvrier et du patron ; de l'autre, le danger de rendre inféconds les devoirs de mu-tuelle assistance, si on laissait à la liberté absolue de chacun le soin de leur accomplissement.

Toutefois, la Chambre inclina pour que la plus grande liberté d'action fût laissée aux sociétés de secours, ainsi qu'à leurs membres. Il lui parut que le Gouvernement devait être l'instigateur, l'appui, mais jamais l'administrateur de ces sociétés.

L'opinion de la Chambre se retrouve, dans ses points principaux, formulée dans la loi du 28 Mars 1852 et dans les modèles de statuts proposés aux sociétés de secours mu-tuels par le Gouvernement.

Ainsi, le concours de la charité est appelé et sollicité en faveur des sociétés de secours mutuels, lesquelles ne pourraient se soutenir sans cet appui, bien que dans un intérêt de conser-vation, elles excluent généralement toutes les personnes dont la santé n'est pas dans de bonnes conditions.

Comme conséquence de ce principe de bienfaisance intro-duit dans les sociétés de secours, l'admission des êtres faibles, mais encore valides, est devenue possible.

La liberté d'administration intérieure et de gestion des fonds est respectée.

L'association de professions diverses est admise.

L'antagonisme qu'on avait suscité entre les classes ouvrières et les patrons, se calmera, disait la Chambre de Commerce, devant le concours que les classes aisées apporteront aux classes souffrantes. Il cesserait complètement le jour où la charité chrétienne serait libre et assurée de la perpétuité de ses dons.

Car, les sociétés bouleversées ne se calment pas et ne se reconstituent pas par des moyens mécaniques de secours plus ou moins ingénieux, mais par le rapprochement et l'union de tous leurs éléments dans les liens d'une fraternité qui a sa source et sa fin au-dessus des institutions humaines.

Les caisses de secours, disait-elle, malgré leur bienfaisante action, ne produisent pas en un siècle les fruits salutaires que l'ordre portera en un jour.

Les événements sont venus heureusement justifier ces paroles que la Chambre faisait entendre dans un moment où l'ordre était profondément troublé.

Quant aux caisses de retraite, cette création parut à la Chambre moins urgente que celle des sociétés de secours mutuels. Elle en reconnut néanmoins l'utilité et la nécessité et proposa en conséquence de rendre facultatifs les dépôts qui devaient les alimenter. Le triple concours de l'ouvrier, du patron et de l'Etat devaient, dans son système, en assurer l'existence.

La loi des 8 mars, 12 et 18 juin 1850 est venu créer depuis, sous la garantie de l'Etat, une caisse de retraites ou rentes viagères pour la vieillesse. La gestion en est confiée à la Caisse des dépôts et consignations.

École des arts et métiers d'Aix.

Dans sa séance du **12 Juillet 1849**, la Chambre était appelée à désigner deux industriels pour faire partie du jury d'admission à l'école des arts et métiers d'Aix. MM. Perre-

Pierron, mécanicien, et Pousson, ébéniste, furent désignés pour remplir ces fonctions.

Dans la séance suivante, un de ses membres émettait le vœu que la Chambre pût fonder, sur ses ressources particulières, un cours de droit commercial. Le même membre proposait aussi d'envoyer à Paris un certain nombre d'ouvriers pour y examiner les expositions publiques et étudier les procédés divers des arts et manufactures.

Cette dernière proposition adoptée par la Chambre et appuyée notamment par ses délibérations des 23 Novembre et 10 Décembre 1850, des 7 Avril et 1 Mai 1851, a eu un commencement de réalisation, par l'envoi à l'exposition de Londres de deux ouvriers avignonais.

Seulement, le Gouvernement comme l'Assemblée nationale, en accueillant cette idée utile, n'ont pas voulu que son application aggravât les charges des Chambres de Commerce, et c'est sur les fonds de l'Etat que dans chaque grand centre industriel un certain nombre d'ouvriers furent admis à aller visiter l'exposition de Londres.

Les ouvriers désignés par la Chambre de Commerce furent MM. Nicolas Lapierre, mécanicien, et Jules Pernod, teinturier chimiste, qui reçurent chacun une somme de 300 fr. après plusieurs démarches rendues nécessaires par le chiffre limité des fonds mis à la disposition du Gouvernement.

Le résultat de la mission des délégués de la Chambre est consigné, conformément aux instructions qu'ils avaient reçues, dans deux rapports intéressants et détaillés qui déposés aujourd'hui dans les archives, sont encore à la disposition des personnes qui voudraient les consulter.

En soumettant à l'Assemblée législative le projet de loi sur l'apprentissage, le Gouvernement sentit le besoin de consulter les Chambres de Commerce sur cette matière réglée par trois articles insuffisans de la loi du 22 germinal an XI, et qui dans notre ancienne législation était l'objet d'une réglementation aussi soigneuse que variée.

Dans sa séance du 21 Août 1849, la Chambre proposa de modifier ainsi qu'il suit ce projet.

L'art. 3 portait qu'aucun enfant ne pouvait être mis en apprentissage, s'il n'était âgé de 12 ans au moins.

La Chambre proposa d'ajouter ce paragraphe : « Néanmoins, dans certains cas le conseil de Prud'hommes pourra accorder une dispense d'âge de deux ans au plus, après avoir vu l'enfant et pris connaissance de l'état auquel il est destiné. »

D'après l'art. 6, les incapacités résultant des art. 4 et 5 du projet, c'est à dire de la minorité des maîtres, de leur indignité ou de la privation de la totalité ou de partie des droits de famille, pouvaient être levées par le Maire, avec l'autorisation du Préfet.

La Chambre proposa de rédiger cet article comme suit :

« Les incapacités résultant des articles 4 et 5 pourront être levées par le Maire, sur l'avis du Président du Tribunal du Commerce ou du conseil de Prud'hommes. »

Sur l'ensemble du projet, la Chambre déclarait s'associer à la pensée et à la sollicitude du gouvernement.

Les contrats d'apprentissage sont aujourd'hui réglés par la loi du 22 février 1851.

Durée du travail.

Un décret de l'Assemblée nationale, en date du 2 Mars 1848, avait fixé la durée du travail dans les usines et manufactures, à 12 heures par jour.

Des réclamations multipliées s'étaient produites. Elles avaient trouvé une demi-satisfaction dans le décret du 9 Septembre 1848, admettant des exceptions qu'il devenait indispensable de déterminer. La Chambre fut consultée à cet égard par M. le Préfet, le 31 Juillet 1849.

Les questions posées, les détails qu'elles embrassaient étaient plus particulièrement de la compétence des chambres consultatives des arts et métiers et des conseils de prud'hommes, mieux placés pour apprécier la position, les besoins des ouvriers.

La Chambre se borna à donner son avis sur le fond de la question. Il lui parut peu conforme à la liberté et à la dignité humaines d'imposer au travailleur une autre règle que sa raison dans les questions où il s'agissait de pourvoir à son existence et à son avenir.

L'ouvrier majeur, disait-elle, peut se dispenser de tutèle. Personne ne serait plus apte que lui à régler ses intérêts. Son libre consentement suffit à la validité morale de ses conventions avec les patrons. L'intervention du gouvernement se conçoit dans les questions d'apprentissage et de travail des enfants. Mais les bras de l'homme sont un capital dont on ne peut lui disputer l'usage par des règlements restrictifs. Ce serait porter atteinte à la justice que de paralyser les ressources qu'il peut tirer de ses forces : il doit toujours rester le maitre de les proportionner à ses besoins. Agir d'après d'autres principes, c'est nuire à l'ouvrier, les conditions du salaire étant en définitive toujours en rapport avec les conditions du travail.

La Chambre ne doutait nullement que l'ouvrier, s'il était consulté, ne repoussât l'intervention de l'Etat dans ses rapports avec les patrons, comme nuisible à ses intérêts.

Cette délibération, à la date du 17 Août 1849, fut confirmée par celle du 10 Novembre 1852, qui, en présence du décret du 17 Mai 1851 spécifiant divers cas d'exception, demandait encore liberté entière pour le patron et pour l'ouvrier, sauf les circonstances qui mériteraient l'intervention de la loi.

Ateliers de moulinage des soies.

C'est dans le même esprit que la Chambre, consultée sur le moulinage des soies exprimait l'avis qu'il n'y avait pas lieu de prescrire, d'une manière absolue, à nos chefs d'atelier de moulinage des conditions pour la durée du travail et pour la salubrité. Elle constatait que, dans le département de

Vaucluse, la salubrité des ateliers de moulinage ne laissait rien à désirer, et que la durée du travail n'excédait pas, en moyenne, la limite fixée par la loi. (28 Août 1852.)

La Chambre estima aussi qu'il n'y avait pas lieu de limiter la durée du travail dans les filatures de cocons, laquelle ne dépassait guères, en moyenne, 12 heures par jour et suivait la marche ascendante et descendante de la lumière dans le cours de l'année. (17 septembre 1852.)

Les exceptions admises par la loi du 9 septembre 1848, devaient donc être étendues à cette industrie, ainsi qu'à celle du moulinage des soies.

Consultée sur la question de savoir à quelles industries était applicable, dans notre département, la loi du 7 Mars 1850 sur les moyens de constater les conventions entre patrons et ouvriers en matière de tissage et de bobinage, la Chambre dut désigner à M. le Préfet de Vaucluse les industries du tissage, du dévidage et du moulinage des soies comme susceptibles de recevoir l'application de cette loi. (12 Juin 1850.)

Le Conseil de Prud'hommes de la ville d'Avignon avait demandé qu'on remît en vigueur l'art. 20 de la loi du 18 Mars 1806 qui prescrit aux chefs d'atelier de se pourvoir, au conseil de Prud'hommes, d'un double livre d'acquit pour chacun de leurs métiers, livre paraphé et numéroté devant indiquer leurs nom, prénoms et domicile.

La Chambre émit une opinion favorable à cette demande; mais le Conseil de Prud'hommes avait en même temps pour but d'établir que le négociant ou fabricant qui aurait négligé de transcrire sur le livre d'acquit les matières livrées ou reçues par lui, serait privé par cela même de tout recours contre l'ouvrier ou chef d'atelier en cas de déficit ou de soustraction de matière.

La Chambre ne voulut point donner son adhésion à cette dernière proposition qui lui parut trop contraire au droit commun, pour pouvoir être accueillie. (12 juin 1850)

La commission de l'Assemblée nationale chargée de l'examen des projets de loi de MM. Lanjuinais et Seydoux tendant à modifier l'arrêté du 9 Frimaire an XII, en ce qui concerne les avances faites aux ouvriers, avait dressé une série de questions qui, soumises à la Chambre par M. le Ministre du Commerce, donnèrent lieu aux observations suivantes:

La loi du livret n'est pas exécutée dans un grand nombre d'industries et de professions. Dans plusieurs, elle l'est mal ou d'une manière incomplète ; les ouvriers refusent souvent de s'y soumettre.

Les patrons font aussi des avances aux ouvriers qui ne sont pas soumis au livret, mais la position de ceux qui observent la loi et qui n'abusent pas du crédit, est sans contredit plus heureuse.

Le chiffre des avances est très-variable.

Dans certaines industries, il dépasse quelquefois 150 fr.

On a généralement remarqué que l'ouvrier débiteur payait difficilement. Il n'y a que les industries ou professions bien réglées qui puissent permettre au patron de rentrer dans ses avances. Dans les autres cas, l'ouvrier qui doit trop, change d'atelier et les avances faites se trouvent le plus souvent perdues......

En résumé, les avances extraordinaires engendrent de nombreux abus, et sont presque toujours mal employées.

On pourrait fixer à 40 fr., suivant l'opinion de la Commission du Conseil Général de l'Agriculture, des Manufactures et du Commerce, le chiffre des avances remboursables par privilége aux patrons et susceptibles d'être inscrites au livret. (20 Août 1850.)

La loi du 14 mai 1851, intervenue depuis, a limité ces avances à trente francs.

Une circulaire ministérielle, en date du 21 Décembre 1850, posait ces questions :

1° Les saisies-arrêts, sur les salaires des ouvriers, sont-elles fréquentes dans votre ressort? En est-il résulté de graves inconvéniens?

2° Convient-il de s'en tenir au droit commun, ou d'autoriser la saisie seulement d'une partie du salaire? Dans cette seconde hypothèse, à quelle somme proportionnelle convient-il de limiter la saisie?

3° Ne pourrait-on pas également diminuer les frais de procédure auxquels la saisie donnerait lieu?

La Chambre répondit à la première question que les saisies-arrêts sur les salaires des ouvriers étaient rares dans son ressort, et que dans les cas où elles pourraient avoir lieu, l'ouvrier s'entendait presque toujours avec son créancier et son patron, pour arriver à la libération de sa dette au moyen d'une retenue consentie sur le salaire de sa semaine.

Sur la deuxième question, qu'il convenait de s'en tenir au droit commun.

Enfin qu'il n'était pas douteux que les frais de procédure occasionnés par les saisies-arrêts, et qui atteignent souvent des proportions déplorables, ne dussent être réduits et strictement réglés.

En exécution de l'art. 3 de la loi du 20 Décembre 1850, une commission avait été établie par l'Assemblée nationale, pour procéder à une enquête sur l'état de la production et de la consommation des boissons en général, sur l'influence qu'exerce en cette matière l'impôt établi et sur les modifications que cet impôt peut recevoir.

La Chambre, consultée sur ces délicates questions, recourut aux lumières des hommes qui pouvaient le mieux l'éclairer.

Le 3 mai 1850, elle transmit, à M. le Ministre, son

opinion particulière ainsi que les réponses qu'elle avait reçues de plusieurs principaux propriétaires et commerçants du département.

Les questions soulevées à cette occasion sont trop nombreuses pour être rappelées ici.

Bornons nous à indiquer la libre circulation des vins et spiritueux, la suppression de l'exercice et la conversion de tous les droits en une taxe unique, au nombre des mesures que la Chambre crut devoir solliciter dans l'intérêt de l'industrie viticole, du commerce et de la consommation des vins.

Si ces vœux n'ont pas été entièrement remplis, le décret du 17 mars 1852 produira du moins un adoucissement par la réduction de moitié des droits d'entrée sur les vins, par la suppression du prélèvement de 10 p. 0,0 sur le produit net des octrois et la réduction d'un dixième des taxes d'octroi.

Vente des grains au poids sur les marchés. Une lettre de M. le Ministre du Commerce, en date du 20 février 1850, posait diverses questions sur le mode de vente des grains dans les marchés publics et sur la substitution de la vente au poids à la vente à la mesure de capacité.

La Chambre émit l'avis que, pour garantir la pureté et la bonne qualité des grains, il était nécessaire de combiner les deux systèmes. La vente à la mesure et au poids est aujourd'hui passée dans les usages du pays. L'expérience en a démontré l'utilité pour empêcher les fraudes de tout genre. La suppression du mesurage qui doit toujours précéder la détermination du poids, présenterait des inconvéniens, sans aucun avantage, et elle ne pourrait s'accomplir sans de graves obstacles. Si l'on veut rendre obligatoire le pesage qui n'est encore que facultatif, il convient de faire figurer sur chaque mercuriale le prix au poids en regard du prix à la mesure, et de procurer avant tout aux acheteurs et aux vendeurs, sur les lieux mêmes du marché, les plus grandes facilités pour l'emploi des instruments de pesage.

Les Chambres de Commerce de Marseille et du Hàvre s'étaient gravement émues de certaines décisions rendues par le Tribunal civil de Marseille et confirmées par la Cour de Cassation en matière de douanes, lesquelles avaient pour résultat d'annuller les sécurités garanties aux intérêts commerciaux par les articles 93, 115 et 116 du Code de Commerce.

En effet, ces décisions consacraient en faveur des créances douanières un privilége général si absolu, qu'il devait primer toute autre créance commerciale, même garantie par des nantissements antérieurs aux droits acquis par la douane, soit en marchandises, soit en valeurs négociables.

L'interprétation donnée à ce sujet par la Cour de Cassation à la loi du 22 Août 1791, avait paru exorbitante et extrèmement nuisible aux transactions commerciales, puisque aucun commerçant ne pourrait se croire à l'avenir valablement couvert et en dehors de l'atteinte du privilége accordé au trésor public.

La Chambre n'hésita pas à appuyer les justes doléances que les Chambres de Commerce du Hàvre et de Marseille adressèrent sur ce point au Gouvernement. (22 Avril et 5 Juillet 1850.)

Une proposition faite par le Gouvernement et insérée dans la loi des finances de 1851 (budget des recettes), tendait à appliquer aux manufactures l'impôt des portes et fenêtres créé le 4 Germinal an XI et dont toute espèce de bâtiments non destinés à l'usuelle habitation de l'homme a été nominativement exemptée par la loi du 10 Ventôse suivant.

Contraire aux précédents établis, à l'esprit de la loi du 13 avril 1850 et aux principes d'une bonne économie publique, cette disposition alarma nos départements les plus manufacturiers.

La Chambre de Commerce de Mulhouse adressa notamment à M. le Ministre du Commerce des observations aussi justes que concluantes qui fixèrent l'attention de la Chambre.

Il lui parut que l'impôt proposé aurait d'abord pour résultat inévitable de restreindre le nombre des fenêtres dans les manufactures, et par suite, de nuire à la santé des populations ouvrières agglomérées, à qui l'air et le jour sont si nécessaires.

Par ces motifs, la Chambre joignit ses instances à celles de la Chambre de Commerce de Mulhouse, pour que la proposition funeste dont il s'agit fût retirée par le Gouvernement. (5 Juillet 1850.)

Situation du travail industriel à la fin de 1850.

—

Ouverture de chantiers dans les campagnes.

La situation du travail industriel, à travers la crise dont nous avons été les témoins, a préoccupé à diverses reprises le Gouvernement, surtout au début de la mauvaise saison.

En réponse à la circulaire de M. le Ministre de l'Agriculture et du Commerce en date du 20 Octobre 1850, la Chambre a eu lieu de signaler la reprise des travaux dans les principales industries de notre pays, et, entr'autres détails statistiques, de faire remarquer :

1. Quant à la trituration des garances et la fabrication des garancines, que cette industrie intéressante offrait presque toujours à l'ouvrier un salaire assuré et très-avantageux en hiver; que pendant l'été, et précisément à l'époque du chômage des usines, le même ouvrier appartenant généralement à la classe des cultivateurs, retournait aux travaux de la campagne alors rouverts, et qu'ainsi il n'y avait pas pour lui de temps perdu dans l'année.

2. Que les ateliers de filature et de moulinage des soies n'offraient pas moins de ressources aux populations de nos campagnes, mais que la fabrication des soieries devenait de jour en jour plus restreinte et que les salaires s'y trouvaient si réduits, qu'il était difficile de la voir tomber plus bas.

3. Que l'industrie des indiennes avait de nombreuses com-

mandes et méritait de l'intérêt par le travail qu'elle offrait à une partie de notre population.

4. Enfin, qu'on ne prévoyait pas d'interruption dans aucune branche d'industrie.

A la même époque, la Chambre ajoutait que si le travail industriel tendait à reprendre son état normal, les travaux agricoles interrompus, soit à cause de la douceur de la saison qui avait permis d'achever les cultures plus tôt que d'habitude, soit à cause de la gêne qui empêchait beaucoup de frais d'exploitation, laissaient un grand nombre de bras inoccupés dans les campagnes, pour lesquelles il devenait urgent de créer de grands chantiers.

La Chambre signalait en conséquence l'achèvement du chemin de fer de Marseille à Lyon et l'exécution du projet pour introduire un plus grand volume d'eau dans la branche navigable du Rhône, comme un excellent moyen de venir en aide aux travailleurs sans ouvrage, en même temps qu'on donnerait satisfaction à deux des plus grands intérêts du pays.

Ainsi que nous l'avons déjà dit, ces vœux ont enfin reçu leur accomplissement.

Crédit extraordinaire pour l'imprimerie nationale.

Le projet de loi qui demandait un crédit extraordinaire de 60,000 francs pour l'établissement de presses mécaniques à l'imprimerie nationale, excita de vives réclamations de la part des délégués de la typographie et de la lithographie de Paris.

Ils signalèrent les tendances de l'imprimerie nationale à concentrer dans ses ateliers tout le travail fourni par l'administration française, et protestèrent hautement contre un monopole qui ne pourrait s'exercer qu'au détriment de l'industrie privée de Paris et des départements.

Ces plaintes ne parurent pas dépourvues de fondement à la Chambre. Elle voulut donner un témoignage de ses sympathies à l'art de l'imprimerie, devenu si précaire aujourd'hui parmi nous et qui était autrefois une des branches les plus florissantes de l'industrie du pays. D'ailleurs, le travail fourni en province aux établissements privés par les divers services administratifs, leur est souvent nécessaire pour ne pas laisser tomber en chômage les ouvriers et les occuper d'une manière régulière; le leur enlever pour le transporter à l'imprimerie nationale, n'était-ce pas détourner de son but cette école modèle destinée par ses fondateurs à perpétuer les grandes traditions de l'art typographique?

Ces considérations et ces craintes portèrent la Chambre à s'associer aux doléances des délégués de la typographie et de la lithographie de Paris et à demander le retrait de l'ordonnance du **23 Juillet 1823** qui avait rendu à l'imprimerie nationale tous les privilèges dont l'avait privée l'ordonnance du 28 Décembre 1814. (24 Juin 1851.)

On sait que la demande des délégués fut repoussée et que le projet de loi a été adopté.

Les fraudes commises journellement dans la fabrication du savon avaient attiré l'attention de la Chambre de Commerce de Marseille qui demanda à M. le Ministre de l'Intérieur et du Commerce la stricte exécution du décret du 1er Avril 1811, en lui faisant subir les modifications commandées par les progrès du temps.

En effet les règlemens faits pour les savonneries de Marseille pouvaient bien s'appliquer à celles-ci, mais on contestait leur application à celles qui s'étaient établies postérieurement hors de la circonscription de cette ville.

L'intérêt du consommateur s'élevant ici à la hauteur d'un intérêt public, la Chambre joignit ses instances à celles de la Chambre de Commerce de Marseille pour que la répression de la fraude put s'exercer partout où elle était commise, sous l'empire d'une loi égale pour tous et dont les réglementations fussent généralisées de manière à atteindre toutes les infractions sans distinction de lieu.

Une lettre du 3 Novembre 1852, émanée de M. le Ministre, en accusant réception des observations de la Chambre, l'informa que le gouvernement s'occupait des moyens de réprimer les fraudes signalées.

Une loi, en date du 27 mars 1851, tendait déjà à la répression plus efficace de certaines fraudes dans la vente des marchandises.

Le projet d'adjonction des mines de la Grand-Combe à la compagnie des mines de la Loire, avait alarmé le Commerce et l'Industrie sur le monopole ruineux qui allait en résulter.

Un rapport fait à ce sujet, à la Chambre de Commerce de St-Etienne, dans sa séance du 10 Octobre 1852, venait de résumer les griefs qu'avait fait naitre, dans tous les temps, l'association sans cesse envahissante des mines de la Loire et l'élévation des prix de la houille qui devait en être la conséquence.

En même temps le gouvernement, cédant à la pression de l'opinion publique, promulguait le décret du 23 Octobre 1852 qui prohibe les réunions de concessions de mines, opérées sans l'autorisation du gouvernement.

Le 19 Novembre, la Chambre s'associant aux doléances générales du Commerce et de l'Industrie, délibéra de demander que le droit, consacré par le décret précité, fut immédiatement appliqué à l'association houillère de la Loire, afin qu'elle cessât de peser d'une manière illégale et désastreuse sur une matière de première nécessité, et sur les conditions essentielles du travail.

Cette délibération, aux termes de la lettre de M. le Ministre de l'intérieur en date du 22 Décembre suivant, fut renvoyée à M. le Ministre des Travaux Publics, et recommandée à son examen.

Pendant ce temps, les compagnies des mines de la Loire et de la Grand-Combe, s'étaient pourvues auprès de ce dernier, afin d'obtenir avec la ratification des traités intervenues entr'elles, la réunion des concessions qui leur appartenaient.

Consulté par son collègue sur la suite à donner à cette demande, M. le Ministre de l'Intérieur et du Commerce crut essentiel de procéder, avant tout, à une enquête et de recueillir l'opinion du Commerce.

La Chambre applaudit à cette détermination et, se référant à sa précédente délibération, crut de son devoir d'y persister.

Il était évident, disait-elle, que la fusion des mines de la Grand-Combe, ajoutée à l'association de la Loire, ne serait autre chose que la suppression complète de la concurrence et l'extension illimitée du monopole houiller. La nouvelle fusion n'avait pas d'autre but que de rendre les compagnies maîtresses des prix sur tous les marchés, au détriment des consommateurs d'un combustible dont le bas prix est aussi indispensable à la vie des populations et à leur activité qu'à celle des usines et des manufactures.

En ce qui regarde plus particulièrement notre département, il n'était pas douteux que les nombreuses usines qui font sa richesse, ne vissent leurs frais s'accroître considérablement à mesure que l'association houillère s'emparerait successivement de la vente sur tous les marchés. Les chômages déjà trop fréquens deviendraient plus nombreux, et les usines rivales établies ou qui s'établissent à l'étranger recevraient un surcroît d'activité préjudiciable à nos industriels et à nos agriculteurs.

Avignon est le point de jonction où les produits houillers des deux bassins se rencontrent. Les charbons de la Grand-Combe ne remontent guère au de là de notre ville, et elle a le plus grand intérêt à ce que la concurrence ne disparaisse pas de son marché.

L'autorité judiciaire réprime, et c'est avec juste raison, les coalitions d'ouvriers qui portent atteinte à la libre concurrence du travail. La coalition des exploitans n'est pas plus tolérable. Elle pèse sur toutes les conditions du travail et supprime la libre concurrence des produits; d'un côté elle fait la loi aux ouvriers qui ne peuvent aller trouver ailleurs des travaux, et de l'autre elle pèse sur les consommateurs. Elle tend, d'une part, à abaisser le plus possible le salaire ; et de l'autre, à faire payer plus cher aux populations, un produit qui leur est presque aussi nécessaire que l'air qu'elles respirent.

Telles furent, en résumé, les considérations qui engagèrent la Chambre à demander, avec de nouvelles instances, que la fusion projetée fut repoussée par le gouvernement. (22 Janvier 1853.)

QUESTIONS DE COMMERCE EXTÉRIEUR.

Exposition de Londres.

L'exposition universelle des produits de l'Industrie à Londres se préparait. Avertie par la circulaire ministerielle du 26 Mars 1850, la Chambre fit un appel aux Industriels du département de Vaucluse, pour les engager à concourir à cette solennelle exposition, qui devait s'ouvrir le 1er Mai 1851, et dans laquelle la France était appelée à tenir un rang digne d'elle.

Mais la Chambre ne crut pas devoir s'en tenir à ce simple appel et pour donner l'exemple, elle délibéra de prendre part elle-même à l'exposition, en envoyant à Londres des échantillons de racines de garance, de garance moulue et de garancine.

Cette exhibition valut à la Chambre l'octroi d'une médaille en bronze qui lui fut accordée par le jury de l'exposition, et qui se trouve dans la salle de ses délibérations.

L'introduction temporaire, en franchise de droits, des fils de coton destinés à être teints en rouge d'Andrinople et réexportés, était vivement sollicitée par divers filateurs et teinturiers de Bar-le-duc et de Rouen qui démontraient que cette autorisation, loin de nuire au travail national devait donner plus d'activité à notre industrie et lui permettre de lutter contre la concurrence de l'Angleterre, de la Suisse, de la Prusse et de la Belgique où il se fait chaque année des exportations considérables des cotons filés Anglais manipulés dans les teintureries.

Par sa dépêche du 29 Février 1852, M. le Ministre de l'Intérieur, de l'Agriculture et du Commerce invita la Chambre a examiner cette demande qui intéressait la production et l'emploi de la garance.

La Chambre, après avoir envisagé la question au point de vue agricole, industriel et financier, reconnut que le pays gagnerait à cette mesure un accroissement dans la consommation de la garance et des produits chimiques, un surcroît important de main-d'œuvre pour l'Industrie et une augmentation de revenus pour le trésor.

En conséquence et déterminée surtout par l'importance d'ouvrir à l'intérieur de nouveaux débouchés pour la garance qui rencontre dans les produits similaires de l'étranger une concurrence chaque jour plus grande, la Chambre donna un avis des plus favorables à cette demande.

La question de l'abaissement des droits d'entrée sur les vins en Angleterre qui s'agitait au sein du Parlement intéressait au plus haut degré l'industrie vinicole en France, et à ce titre notre département ne pouvait y rester indifférent.

La Chambre de Commerce de Bordeaux faisait appel à notre concours pour seconder le mouvement qui se produisait dans les deux pays en faveur de l'abaissement des droits.

Par délibération du 22 Janvier dernier, la Chambre émit

le vœu que le gouvernement Français par de sages négociations bâtât une mesure si conforme aux besoins de notre industrie vinicole.

Le 1er Mars, M. le Ministre fit connaître à la Chambre que le gouvernement de S. M. I. ne négligerait rien pour tirer parti des dispositions libérales qui se manifestaient en Angleterre pour la tarification des vins français.

Services transatlantiques.

Ligne du Brésil.

L'organisation des services transatlantiques par la vapeur donna lieu à la Chambre de revendiquer dans ces derniers temps la part du Midi dans le mouvement commercial qui allait résulter de cette vaste entreprise.

Marseille sollicitait vivement pour son port la ligne du Brésil et faisait valoir ses titres à la concession de cette partie des services transatlantiques.

La position du premier port français de la Méditerranée, les relations directes qu'il entretient constamment avec toutes les métropoles manufacturières du Midi, la concurrence de Gênes qui aspire elle aussi à devenir le facteur maritime de la Méditerranée, mais pour le compte de l'Italie; toutes ces considérations plaidaient vivement en faveur de Marseille.

La Chambre, par sa délibération du 19 Novembre 1852, appuya la demande du Commerce de cette ville et émit le vœu qu'elle fut accueillie.

Des considérations tirées de l'importance même de cette création, de l'État financier du pays et des récentes découvertes de la science qui ont modifié déjà les conditions de la navigation à vapeur, paraissent avoir déterminé le gouvernement à surseoir à la concession du service des lignes transatlantiques et à la désignation des ports qui en seront le point de départ. On assure seulement que le premier service établi sera la ligne de communication avec le Brésil.

QUESTIONS INTÉRESSANT PLUS PARTICULIÈREMENT LE COMMERCE
et l'industrie du département. (1)

Succursale
de la Banque.

Une succursale de la Banque de France était depuis long-temps dans les vœux et les besoins du Commerce d'Avignon.

M. le Président appela plusieurs fois la Chambre à s'occuper de cette importante question. Dans sa séance du **21 Août 1849**, elle décida de renouveler la demande faite par délibération du **15 Avril 1848**.

Une délibération nouvelle et longuement motivée fut prise le **6 Octobre 1849**. Elle évaluait à 62 millions le mouvement commercial de notre place. Le tribunal de Commerce et le Conseil Municipal s'empressèrent d'y adhérer. Leurs délibérations, ainsi que celle de la Chambre de Commerce, furent mises sous les yeux de M. le Ministre dans les premiers jours de Novembre 1849.

Une des principales objections qui se produisirent à Paris contre la demande du Commerce d'Avignon, fut la proximité des villes de Marseille et de Nîmes, qui jouissaient déjà de semblables établissements.

Cet argument fut victorieusement combattu. MM. les Ministres du Commerce et des Finances finirent par se montrer favorables. Il ne restait plus que deux conditions à remplir :

1° Etablir que la crise éprouvée par le Commerce et l'Industrie, en restreignant les affaires, ne rendait point superflu l'établissement demandé ;

2° Fournir, conformément à loi du **25 Mars 1841**, douze administrateurs porteurs chacun de 4 actions du nouvel établissement.

Une réunion générale des négociants de la ville eut lieu pour cet objet, le **22 Avril 1850**. M. le président exposa que quand bien même, en raison de la crise qui pesait sur le

---

(1) Nous avons parlé ailleurs des questions de la navigation du Rhône et du chemin de fer d'Avignon à Lyon qui se rattachent à un intérêt général du premier ordre.

Commerce, le chiffre de 62 millions, représentant le mouvement commercial du pays, dût être réduit à **40 millions**, cette réduction serait loin d'annihiler les titres d'Avignon à l'établissement demandé. En effet, le commerce de cette ville, par la nature de ses opérations, peut bien subir une diminution, mais il ne saurait être jamais complètement suspendu par les évènements, attendu qu'il s'exerce en grande partie sur des matières premières tirées du sol même et qui donnent lieu à des expéditions lointaines qu'une conflagration Européenne et universelle pourrait seule arrêter.

Cette réunion eut pour résultat de confirmer la Chambre et son président dans la conviction du bien que devait produire le nouvel établissement, par les sentiments d'adhésion et les remerciments unanimes qui leur furent exprimés.

A la suite de cette séance, un grand nombre de commerçants, après avoir pris connaissance des obligations imposées aux administrateurs, s'inscrivirent sur la liste de proposition à présenter au gouvernement, laquelle fut revêtue de plus du double des signatures nécessaires.

Une circonstance qui ne doit pas être omise, c'est que dans la pensée de tous les partisants de la création d'une succursale à Avignon, l'existence du Comptoir d'Escompte ne pouvait être mise en question, et que les deux établissements étaient appelés à vivre collatéralement et à se prêter un mutuel appui.

Il était en effet du plus haut intérêt pour le Commerce d'avoir auprès de la succursale de la Banque, un établissement intermédiaire de crédit. La réunion de ces deux institutions amenait un mouvement important, et par là créait à l'industrie des facilités qui ne se trouvent que dans un grand centre d'affaires.

Enfin les vœux de la Chambre furent remplis et par une lettre en date du 25 Octobre 1850, M. le gouverneur de la Banque l'informa qu'une Succursale de la Banque de France serait établie à Avignon. Le décret d'institution parut le 31 Novembre suivant.

Dans sa séance du 21 Février 1851, la Chambre émit le vœu que le nouvel établissement put fonctionner lors de la récolte des cocons, et que la ville fournit un local provisoire où commenceraient ses opérations.

Ce vœu fut accueilli; la ville prêta une partie du rez-de-chaussée de l'Hôtel Isnard et la succursale de la Banque y établit ses bureaux.

Cette mesure avança de près d'un an l'époque ou le nouvel établissement pouvait rendre au commerce les services qu'il en attendait.

La succursale d'Avignon, après neuf mois seulement d'exercice, a figuré au 23ᵉ rang dans le tableau du classement des succursales selon l'importance de leurs opérations pour 1852. Elle ne tardera pas à occuper un rang plus élevé. Le chiffre de ses affaires, du **22 mars 1852 jusqu'à ce jour**, s'élève à 18,932,976 francs, 51 centimes.

Le Comptoir national d'Escompte d'Avignon avait rendu les services les plus signalés au Commerce et à l'industrie, lors de la crise pendant laquelle il prit naissance; on devait s'attacher à leur conserver les précieuses ressources qu'il n'avait cessé de leur offrir.

Voulant se rendre l'organe des sentiments et des besoins de la population industrielle et commerçante, la Chambre, par sa délibération du 20 Août 1850, décida d'exprimer publiquement les regrets que lui inspirait la mise en liquidation du Comptoir national d'Escompte d'Avignon et ses vœux pour qu'une nouvelle souscription vint bientôt le reconstituer.

Le gouvernement hésitait à prêter son concours pour cette reconstitution. Dans sa séance du 10 Avril, la Chambre témoigna de nouveau ses sympathies pour cet établissement, en décidant d'adresser des observations à M. le Ministre pour modifier, si c'était possible, la résolution fâcheuse qu'il avait prise.

A la suite de démarches actives faites par notre Président, cette reconstitution eut lieu avec le concours du gouvernement et de la ville.

Des circonstances que nous laisserons à chacun le soin d'apprécier, ayant prématurément amené la liquidation du Comptoir, le Commerce d'Avignon et celui du département qui partageait les sympathies de la Chambre, ont compris combien son existence était nécessaire et se sont occupés sans délai de fonder un établissement privé qui est appelé à rendre les mêmes services.

Marché des soies à Avignon. Plusieurs commerçants, dans une pétition adressée au mois de mai 1850 à M. le Maire d'Avignon, indiquaient comme moyens de rétablir dans cette ville le marché des soies: 1º l'exemption de la condition publique pour les soies qui se vendraient les mardis, jeudis et samedis; 2º l'ouverture de la Bourse lesdits jours.

Tout en sympathisant avec les auteurs de cette proposition, la Chambre considéra que les moyens indiqués seraient insuffisants et qu'un semblable établissement tenait à d'autres conditions, qui ont été heureusement réalisées par l'Administration Municipale actuelle.

Tarif de sortie des soies. La proposition de M. Chapot, représentant du Gard, pour la suppression du droit de sortie des soies, et les réclamations formulées dans une pétition de nos ouvriers tisseurs, et de quelques fabricants, reportèrent l'attention de la Chambre sur cette question.

En examinant les effets de l'ordonnance de 1833 qui autorisa la sortie des soies, elle reconnut que la décadence de la fabrique d'Avignon, loin de provenir de cette loi, était due surtout aux variations de la mode et à l'abandon presque complet de nos tissus par la consommation.

Les faibles quantités de soies exportées et le développement considérable des fabriques de Lyon et St-Etienne, à partir du 29 juin 1833, indiquaient suffisamment combien les réclamations réitérées des amis de la prohibition étaient peu fondées.

Toutefois la Chambre émit l'avis que le tarif de sortie, confirmé déjà par la loi du 2 juillet 1836, fut maintenu ou tout au moins qu'aucun abaissement n'eut lieu, sans une réduction équivalente dans les droits qui pèsent à l'étranger, sur nos soies et soieries d'exportation. (6 mars 1850.)

Mais bientôt, dans le traité que la France conclut avec la Sardaigne, le 5 novembre 1850, fut stipulée la suppression du droit de sortie des soies françaises expédiées par la frontière Sarde.

C'était un acheminement à la suppression générale du droit, proposée déjà par le Conseil général de l'Agriculture, des Manufactures et du Commerce. Lyon et St-Etienne en jugeaient ainsi et attendaient.

En même temps, M. le Ministre appelait l'attention de la Chambre sur une réclamation des fabricants et ouvriers en soie d'Avignon, qui demandaient le rétablissement de la prohibition, à la sortie des soies grèges et moulinées. Cette réclamation témoignait combien l'opinion s'égarait sur cette question et M. le Ministre invitait la Chambre à éclairer le public en combattant une erreur qui ne pouvait résister longtemps à l'éloquence des chiffres et des faits.

La Chambre avait déjà devancé la pensée de M. le Ministre en faisant dans ce sens plusieurs communications aux journaux de la localité.

Le 18 Août 1852 parut le décret qui affranchit de tout droit, à la sortie, les soies écrues, grèges ou moulinées,

Échantillons de tissus de soie expédiés dans le Levant.

Par ses dépêches du 5 Avril et du 17 Mars 1852, M. le Ministre de l'Intérieur, préoccupé du désir d'ouvrir de nouveaux débouchés à notre fabrique, communiqua à la Chambre des collections, transmises par les agents du Ministère des affaires étrangères, des tissus de diverses nuances les plus demandées sur les marchés de Trébizonde et de Janina.

M. le Ministre y joignait une note relative aux articles d'exportation de l'Epire.

Ce document et ces échantillons furent mis sous les yeux des commerçants qui avaient le plus d'intérêt à en prendre connaissance.

Il fut reconnu que notre fabrique ne pourrait produire avec avantage les taffetas brochés et les satins expédiés de Livourne à Trébizonde, mais qu'on ferait beaucoup mieux à Avignon les taffetas doubles et simples, quoique cet article s'éloignât de notre fabrication. Les gros qui s'en rapprochent assez et qui sont recherchés à Janina, malgré leur confection vicieuse et la médiocrité de leurs nuances, seraient aussi beaucoup mieux faits à Avignon. Les prix en parurent suffisamment rémunérateurs. Mais nos fabricants ayant généralement négligé de s'ouvrir des relations directes avec les pays de consommation, entreraient bien difficilement aujourd'hui dans cette voie, en présence surtout de la concurrence toujours plus active de la fabrique de Lyon.

Mode d'achat des alizaris dans les campagnes.

La manière vicieuse dont s'effectuait l'achat des alizaris dans les campagnes, excitait depuis longtemps dans le commerce des réclamations sérieuses.

La Chambre fut saisie de cette question qui intéressait beaucoup la production et le commerce des garances, et nomma pour aviser aux moyens d'extirper les abus signalés une Commission qui s'adjoignit bientôt plusieurs négociants et courtiers.

Cette Commission tint plusieurs séances; le résultat

de ses travaux fut consigné dans le rapport de M. Prosper Faure, rapport imprimé en vertu de la délibération de l'assemblée générale du 12 Juin 1850.

Les mesures proposées par la commission ont été ultérieurement adoptées et mises en pratique par un grand nombre de maisons de Commerce d'Avignon.

Les heureux résultats obtenus sont maintenant un fait constaté ; la dernière campagne ne permet plus le moindre doute sur l'efficacité du système introduit pour améliorer les transactions dans les campagnes et le conditionnement même de nos racines de garance.

Tarif de sortie des garances. Dans sa séance du 3 Mars 1851, la Chambre avait délibéré de demander au gouvernement la suppression de tout droit de sortie sur les alizaris, les poudres de garance et la garancine.

On sait que cette demande a été accueillie. Les décrets du 22 Août et du 2 Novembre 1851 ont supprimé les droits de 1 fr. et de 50 centimes par 100 kil., établis à la sortie des garances en racines et des garances moulues, ainsi que le droit de 25 centimes par 100 kil., établi à la sortie de la garancine.

Production de la garance dans le Caucase. Un rapport sur le développement de la production de la garance dans les provinces orientales de l'Empire Russe, fut adressé le 28 Mars 1851 à la Chambre par M. le Ministre du Commerce.

On y signalait la diminution des quantités de garance exportées dans les dernières années du Midi de la France pour la Russie, et l'on attribuait la supériorité des garances du Caucase au procédé de fermentation en usage dans les provinces Caucasiennes et qui aurait pour résultat de développer le principe colorant. M. le Ministre annonçait sur ce procédé particulier de fermentation des informations précises qui ne nous ont pas encore été communiquées.

La Chambre s'empressa de porter ce rapport à la connaissance du Commerce dont les importations annuelles de garance en Russie s'étaient élevées à plus d'un million de kilogrammes.

Une ordonnance du 16 Septembre 1840 avait accordé un entrepôt réel des Douanes à la ville d'Avignon, mais par des considérations tirées du choix du local, le service des Douanes n'avait pu y être installé au moment où tout semblait préparé pour le recevoir.

Le Commerce du pays n'avait cessé depuis de réclamer l'ouverture de l'entrepôt et de nombreuses délibérations de la Chambre constataient ses vœux persévérans en faveur de cette mesure.

La Chambre, nouvellement installée, s'associa à la pensée de ses honorables devanciers. Unanime sur les bons résultats que pouvait produire un établissement si longtemps et si ardemment désiré, secondée par les vœux conformes du Conseil Général du Département et du Tribunal de Commerce, puissamment aidée par l'Administration Municipale, elle a pu voir se réaliser les espérances que depuis 1825 le pays n'avait cessé de concevoir.

C'est le 6 Octobre 1849 que la Chambre délibéra de demander que l'entrepôt des Douanes fut définitivement constitué dans notre ville. Le décret d'institution fut rendu le 12 Août 1850 et l'ouverture des opérations eut lieu le 15 Mars 1851.

Cependant si l'ouverture de l'entrepôt a rencontré des sympathies, elle a soulevé aussi de l'opposition.

Une ordonnance du 28 Novembre 1846 autorisait l'importation temporaire, en franchise de droits, des racines de garance destinées à être moulues en France. On craignit que les alizaris étrangers admis à l'entrepôt ne devinssent la cause d'une dépréciation de nos produits similaires.

Heureusement ces craintes que la Chambre n'a jamais partagées, ne se sont pas réalisées. On est aujourd'hui rassuré sur les conséquences de l'ouverture de l'entrepôt et l'expérience des deux dernières années a prouvé que la vente des produits de notre sol pouvait s'effectuer sans la moindre perturbation. Nos alizaris ont été constamment recherchés et se sont vendus à un prix égal au moins au prix moyen des 18 dernières années. La moyenne de 1833 à 1851 établit leur prix à 74 fr. 45 centimes les 100 kil. La moyenne de 1852 et de 1853 l'établit à 75 fr.

Etat des marchandises entrées à l'entrepôt réel des Douanes d'Avignon.

Année 1851. (9 Mois.)

Droits de magazinage perçus par la ville.

Sucre non raffiné,	k.	5,436	
Café Haïti,		1,029	fr. c.
Garance en racines sèches, de Naples,			555,79
de Turquie etc.		224,279	

Année 1852.

Soies écrues, grèges, de Toscane.	1,079	
Café Haïti,	982	
Garance en racines sèches, de Naples, de Turquie etc.	774,783	
Garance moulue ou en paille, de Hollande,	12,548	
Marbres sculptés, moulés, polis, de Toscane.	76	
Albâtre sculpté, de Toscane,	72	
Fer étiré en barres plates, de Naples,	.144	
Porcelaine fine, d'Allemagne,	17	1559,58
Tissus de Laine, d'Allemagne, valeur 200 fr.	2	
Livres publiés à l'étranger, Allemagne,	0,50	
Gravures et lithographies, Allemagne,	1	
Ouvrages d'art en bronze, Allemagne,	17	
Meubles, Allemagne,	186	
Objets de collection hors de commerce, Allemagne,	2	
Vin de liqueur, de Gènes, litres	192	

Année 1853. (1er *trimestre.*)

Garance en racines sèches, de Naples, Turquie etc.	262,869	
Garance moulue , Belgique ,	254	
Blé froment, de Turquie, 545 hecto. pesant	41,514	747,55
Cristaux de Bohême,	75	
Ornements en cuivre doré, Allemagne)	9	

Toutes les marchandises ci-dessus sont sorties de l'Entrepôt, sauf, 57,556 k. garances et 41,514 k. grains. (*Admis exceptionnellement par suite d'un sinistre sur le Rhône.*)

Réduction des frais d'admission de l'Entrepôt.

Quoique les recettes de la ville aient toujours progressé depuis l'ouverture de l'Entrepôt, on trouvait que les opérations de cet établissement n'étaient point en rapport avec les frais annuels d'administration.

Par délibération du 6 Octobre dernier, la chambre demanda à M. le Directeur général des douanes et des Contributions indirectes une réduction de ces frais , sauf à pourvoir aux augmentations que les besoins ultérieurs du service pourraient commander.

Importation des soies étrangères.

L'industrie des soies semblait d'abord appelée à fournir le principal aliment de l'Entrepôt ; mais la modicité des droits établis à l'entrée des soies étrangères et la suppression du droit de sortie ont fait évanouir cet espoir. Le commerce acquitte aujourd'hui sans peine les droits d'entrée, au moment même de l'importation des soies, et la suppression du droit de sortie est venu le dispenser des formalités de douane pour les marchandises invendues et réexportées.

Soies étrangères destinées au moulinage.

Aucun acte du pouvoir exécutif n'autorisait le commerce à recevoir, à titre temporaire, les soies exotiques, pour y appliquer une main d'œuvre et les réexporter.

La chambre demanda en juin 1850 que les soies étrangères destinées à être moulinées et converties en trames, tramettes ou organsins, pussent être admises temporairement à l'entrepôt.

Cette mesure aurait procuré du travail à nos populations, et comblé une lacune peu en harmonie avec les principes économiques qui depuis ont prévalu par la suppression du droit de sortie des soies.

Garances étran-
gères converties
en garancines. On avait demandé en même temps la faculté de réexporter sous forme de garancine les poudres provenant des alizaris étrangers.

Cette demande a été renouvelée, mais sans succès. (25 Février 1851.)

Admission des
blés étrangers. Enfin, il s'agissait de savoir si le commerce pourrait recevoir aux mêmes conditions qu'à Marseilles et Arles, les blés étrangers destinés à la mouture.

Le 14 juin 1850 M. le directeur de l'administration des douanes, répondait en ces termes : « Dès l'instant que l'En-
» trepôt sera régulièrement constitué à Avignon, et que le
» service des Douanes y sera définitivement installé, il n'est
» pas douteux que le commerce jouira de la faculté d'extraire
» temporairement de cet Entrepôt, aux conditions détermi-
» nées par la loi et par les règlements, *le blé froment destiné*
» *à être converti en farine...* »

Cependant cette faculté qui nous semblait acquise, bien que le décret du 1er juin 1850 eut déjà paru, n'a pas encore été obtenue. On objecte que notre département n'est pas compris dans les classes établies par les lois sur l'importation et l'exportation des céréales.

La chambre n'a cessé depuis lors de demander que le département de Vaucluse entrât dans la même classe que les départements des Bouches-du Rhône, du Gard et de l'Hérault, où se trouve naturellement sa place. (1er juin 1850 et 13 mars 1852).

Alors notre entrepôt cessant d'être regardé purement et simplement comme un entrepôt intérieur, pourrait recevoir des blés importés indistinctement par l'un des sept départements qui composent la première classe. Il en résulterait un grand mouvement de marchandises de la douane au port, au chemin de fer, et *vice-versâ*. Ce mouvement, la ville d'Arles en profite aujourd'hui au préjudice de notre population ouvrière et du commerce qui paye de doubles frais pour aller faire vérifier et plomber à Arles des marchandises qui, après un transport rétrograde, sont réexpédiées pour la Suisse ou la Savoie.

Mais l'industrie de la mouture n'était pas la seule intéressée dans la mesure réclamée. Un intérêt plus grand s'y rattachait et le Conseil Municipal d'Avignon n'a pas manqué de le faire valoir. Par sa délibération motivée du 7 Janvier dernier, le Conseil a demandé que l'Entrepôt d'Avignon fut ouvert à l'importation des grains étrangers, et que le département de Vaucluse fût au plus tôt classé, dans l'intérêt de la consommation intérieure et de l'alimentation publique en cas de disette.

Espérons que des considérations d'un si grand poids finiront par l'emporter et que dans les modifications à apporter au régime établi par les décrets des 14 janvier et 1er juin 1850, le département de Vaucluse aura sa part.

Entrepôt des Sels.

A la suite d'une délibération de la chambre en date du 13 juin 1851, un décret intervenu le 26 septembre, accorda à la ville d'Avignon un entrepôt réel des sels.

La réduction du droit de 30 francs à 10 fr. par 100 kilog, en permettant à nos commerçants d'acquitter le droit sur les lieux de production, au moment de l'enlèvement de la marchandise, a jusqu'ici empêché notre Entrepôt de rendre les services qu'on pouvait en attendre sous ce dernier rapport.

Ajoutons que dans une marchandise aussi lourde que le sel, les frais de transport jusqu'a la douane, ont pu contribuer à détourner nos commerçants de la faculté qui leur était offerte. L'établissement de la nouvelle gare améliorera sans doute cet état de choses en rapprochant la marchandise des magasins destinés à la recevoir.

Sur une demande de la chambre, faite à la même époque, M. le Ministre des finances décida, le 27 Août 1851, que les marchandises destinées à l'exportation pourraient acquitter les droits de sortie au bureau de douane établi en notre ville.

En conséquence, les colis expédiés par la douane d'Avignon sous acquit de payement des droits de sortie et qui y ont été plombés, sont, à moins de soupçon de fraude, dispensés d'une visite détaillée lors du passage à l'Étranger.

Un commerçant notable de notre ville a conçu le projet d'établir une fabrique de savon qui entrera bientôt en activité.

La majeure partie des produits de cette fabrique étant destinée à l'Etranger, la Chambre a demandé que le bureau des douanes d'Avignon fût ouvert aux exportations avec prime. (23 Février 1853.)

Cette mesure est importante pour le Commerce et favorisera plusieurs articles d'exportation tels que les couvertures de laine, les tissus imprimés, etc., etc.

Il n'est pas hors de propos de remarquer ici que sans l'entrepôt, la création de savonneries à Avignon ne pourrait avoir lieu. Si nous n'avions hâte de terminer cet exposé, nous pourrions énumérer encore un grand nombre d'industries qui pourraient profiter des avantages que leur présente l'entrepôt. C'est un instrument de progrès qui sera apprécié davantage avec le temps. Si comme à Lyon, comme partout, les commencemens laissent à désirer, il n'en est pas moins vrai qu'il offre une ressource précieuse à l'activité industrielle des populations. C'est par cette raison que tous les grands centres d'industrie sont jaloux de posséder dans leur sein un semblable agent de travail. Pour ne prendre des exemples qu'à

côté de nous, la ville de Nîmes ne compte-t-elle pas l'établissement d'un entrepôt au nombre de ses plus vives préocu-
pations ?

———————

Tels ont été les principales affaires qui ont occupé la Chambre pendant la durée exceptionnelle de son existence et quel-
que fois au milieu de circonstances difficiles. Elle s'est effor-
cée, dans tous ses actes, de justifier la confiance dont ses
concitoyens l'avaient honorée. Des questions délicates se ratta-
chant à l'ordre moral et à l'amélioration des conditions socia-
les, lui ont été soumises. Pour les résoudre, elle n'a cessé de
s'inspirer des sentiments de la population qui l'avait élue.

Avignon, le 28 Mars 1853.

Frédéric GRANIER, Président; Philippe BONNET, Secrétaire-
Trésorier; Emile GOUDAREAU, Adrien PALUN, Charles
BON DE CHABRAN, François SEGUIN, Henri BERTON.